Dieses Buch gehört

_____

Ich bin getauft am _____

in _____

Meine Taufpaten sind

_____

_____

Wie fröhlich bin ich aufgewacht

Mein erstes Gebetbuch

Mit Bildern
von Constanza Droop

Herder

Morgengebete

Du hast uns deine Welt geschenkt

Text: Rolf Krenzer   Musik: Detlev Jöcker

1. Du hast uns deine Welt geschenkt: den Himmel, die Er-de. Du hast uns deine Welt ge-schenkt. Herr, wir danken dir.

Rechte: Menschenkinder Verlag, 48157 Münster

2. Du hast uns deine Welt geschenkt:
   die Länder - die Meere.
   Du hast uns deine Welt geschenkt:
   Herr, wir danken dir.

3. ...die Sonne - die Sterne...
4. ...die Blumen - die Bäume...
5. ...die Berge - die Täler...
6. ...die Vögel - die Fische...
7. ...die Tiere - die Menschen...
8. ...du gabst mir das Leben...
9. ...du gabst uns das Leben...

O Gott, du hast in dieser Nacht
so väterlich für mich gewacht.
Ich lob' und preise dich dafür
und dank' für alles Gute dir.

Wenn die Sonne aufgegangen
und der Tag hat angefangen,
will ich Gott im Himmel droben
fröhlich und von Herzen loben.

Wie fröhlich bin ich aufgewacht,
wie hab' ich geschlafen so sanft in der Nacht.
Hab' Dank im Himmel, du Vater mein,
daß du hast wollen bei mir sein.
Behüte mich auch diesen Tag,
daß mir kein Leid geschehen mag.

Das wünsch' ich sehr

Text: Kurt Rose   Musik: Detlev Jöcker

Das wünsch ich sehr, daß im-mer ei-ner bei mir wär, der lacht und spricht: fürch-te dich nicht.

Rechte: Menschenkinder Verlag, 48157 Münster

Wo ist Gott?

Gott ist, wo das Blümlein blüht.
Gott ist, wo die Sonne glüht.
Gott ist, wo das Vöglein singt.
Gott ist, wo das Tierlein springt.
Gott ist, wo das Englein wacht.
Gott ist bei uns, Tag und Nacht.

Großer guter Gott.
Bitte, hab mich lieb.
Segne den Vater
und die Mutter,
segne den Karl und den Hans.
Vergiß unsere tote Oma nicht.
Und beschütze den Kater
in der Nacht,
wenn er draußen herumspaziert,
damit ihm kein Hund etwas tut.

Jesus hat die Kinder lieb

Jesus hat den Felix ...
  den Lukas ...
  die Simone ...
  den Sebastian ...
  die Susanne lieb! Halleluja!
Jesus hat uns alle lieb! Halleluja!

Schwarze, Weiße, Rote, Gelbe

Text und Musik: Kurt Rommel

Weitere Strophen entstehen, wenn man
z. B. Große, Kleine, Eltern, Kinder usw. einsetzt.

Vater unser

Vater unser im Himmel,
geheiligt werde dein Name,
dein Reich komme,
dein Wille geschehe
wie im Himmel
so auf Erden.

Unser tägliches Brot
gib uns heute.

Und vergib uns unsere Schuld
wie auch wir vergeben
unsern Schuldigern.

Und führe uns nicht
in Versuchung,
sondern erlöse uns von dem Bösen.

Denn dein ist das Reich
und die Kraft
und die Herrlichkeit
in Ewigkeit.

Amen.

Tischgebete

Lieber Gott, für Speis' und Trank
sagen wir dir Lob und Dank.

Vater, wir danken dir,
daß wir zu essen haben.
Vater, wir danken dir,
für die guten Gaben.
Segne, Vater, unser Brot.

Lieber Gott, ich danke dir,
daß du bist so gut zu mir.
Was ich habe, kommt von dir.
Was ich brauche, gibst du mir.

Alle guten Gaben,
alles was wir haben,
kommt, o Gott, von dir.
Wir danken dir dafür.

O Gott, von dem wir alles haben,
wir preisen dich für deine Gaben.
Du speisest uns, weil du uns liebst;
o segne auch, was du uns gibst.

Komm, Herr Jesus, sei unser Gast
und segne, was du uns bescheret hast.

Schenke uns Zeit

Text: Rolf Krenzer   Musik: Detlev Jöcker

Rechte: Menschenkinder Verlag, 48157 Münster
Aus: Liedheft und MC: So lange die Erde lebt

Freie Gebete

Lieber Gott, ich danke dir
für das gute Brot.   (Lisa, 6)

Lieber Gott, ich danke dir
für die schöne Welt.
Du willst, daß wir gut mit ihr umgehen.
(Niko, 6)

Lieber Gott, ich freue mich,
daß ich einen Freund habe, er heißt Peter.
(Chris, 5)

Lieber Gott, laß meine Eltern gesund
bleiben und daß sie immer Arbeit haben.
(Katharina, 6)

Lieber Gott, ich freue mich
über unseren neuen Spielplatz;
gib acht, daß uns nichts passiert.   (Laura, 4)

Jesus, du bist mein Freund
und bist immer bei mir, danke.   (Paul, 5)

Laß uns alle froh und lieb sein.   (Fiona, 4)

Lieber Gott, hilf,
daß der Krieg bald vorbei ist.
(Kind aus Kroatien)

Ich habe es gut, lieber Gott,
habe zu essen, viele Spielsachen,
liebe Eltern und Freunde,
ich danke dir. (Ansgar, 6)

Abendgebete

Müde bin ich
geh zur Ruh,
schließe beide
Äuglein zu.
Vater, laß die
Augen dein
über meinem
Bette sein.

Wenn der helle Tag vergeht
und die Sonne untergeht
über'n Berg gekrochen sacht
kommt die Nacht.

Hüllt mit ihrem dunklen Hauch
Tiere ein, die Menschen auch;
und die ganze Welt wird stumm
rundherum.

Lieber Gott, schau gnädig nieder
auf Eltern, Lehrer, Schwestern, Brüder,
auf alle, die mir Gutes taten.
Bewahr' vor Unglück sie und Schaden,
und führ sie nach der Lebenszeit
hinauf zur ewigen Seligkeit.

Abendlied

Text: L. Kleikamp   Musik: Detlev Jöcker

Rechte: Menschenkinder Verlag, 48157 Münster

2. Tief unter ihm, das stille Land,
   es ruht vom Tag sich aus
   Es schläft die Wiese, schläft der Wald,
   es schlafen Feld und Haus.

3. Auch ich bin müd' vom langen Tag.
   Bald schlaf' ich tief und fest.
   Ich kuschle mich ins weiche Bett,
   wie's Vogelkind im Nest.

4. Dich, lieber Gott, ruf ich nun an.
   Von Herzen bitte ich:
   Nimm du die Welt in deine Hand,
   den Mond, das Land und mich.

Wenn die Bäume Schatten werfen,
Häuser dunkle Mauern sind,
wenn es leise wird auf Erden
ist es Nacht, mein liebes Kind.

Wenn die vielen hellen Sterne,
wenn der Mond am Himmel steht,
nach getaner Arbeit gerne
jeder Mensch zu Bette geht.

Wenn die Kinder nicht mehr singen
schlafend in den Kissen ruh'n,
träumen dann von schönen Dingen
möchte ich das gleiche tun.

Laß uns schlafen, liebes Kind,
weil wir alle müde sind.
Gott, der Vater, uns bewacht:
Gute Nacht

Liebe Eltern,

mit viel Liebe und Sorgfalt wachen Sie über Ihr Kind. Sie schenken ihm Geborgenheit, Zeit und Zuwendung.
Das ist die Grundlage, damit ihr Kind sich wohl fühlt und glücklich werden kann.
Da Sie trotz aller Fürsorge nicht alles vermögen, stellen Sie ihr Kind unter den Schutz Gottes. Ihm gemeinsamen Beten mit Ihnen kann das Kind von der Liebe Gottes erfahren und es lernt, mit seinen Ängsten und Sorgen zu Gott zu gehen.
Auch Freude und Glück kann es im täglichen Gebet zu Gott bringen.
Dieses erste Gebetbüchlein will Ihnen dabei helfen. Es bietet eine kleine Auswahl alter und neuer Gebete und Lieder, die viele Kinder auch im Kindergarten sprechen und singen lernen.
Dazu gehören auch einfache Gebete, die schon die Großeltern an die Eltern

weitergegeben haben und die so die Generationen miteinander verbinden können. Sie sind von einer ganz selbstverständlichen Frömmigkeit getragen, die sich kindlich-naiv im Loben, Danken und Bitten äußert.

Die Auswahl der Gebete wurde zusammengestellt von I. Spörlein und Sr. R. Wittmann.

Die Lieder sind mit freundlicher Genehmigung entnommen aus: 100 der schönsten Kinderlieder. Menschenkinder Verlag Münster (S. 6, 9, 19, 24) und aus: „Sing mit"-Passion, Ostern, Pfingsten, © Struwe Verlag München (S. 13).
Das Gebet S. 10 u. formulierte Marielene Leist.

Alle Rechte vorbehalten - Printed in Belgium

© Verlag Herder Freiburg im Breisgau 1994
Druck und Einband:Proost, Turnhout 1994
ISBN 3-451-23309-6